1901. — Janvier. 10

VENTE

Des Jeudi 10 et Vendredi 11 Janvier 1901

HOTEL DROUOT, SALLE N° 6

A DEUX HEURES UN QUART

SÉRIE

DE

10 BELLES TAPISSERIES

Anciennes d'Aubusson

MEUBLES ANCIENS

ET DE STYLE

OBJETS D'ART

TABLEAUX, AQUARELLES, DESSINS

ARGENTERIE PLAQUÉE

Appartenant à M. K···

Mᵉ F. LAIR DUBREUIL
COMMISSAIRE-PRISEUR
Success' de Mᵉ G. Duchesne
5 — Rue de Hanovre — 5

M. A. BLOCHE
EXPERT
près la Cour d'appel
28, Rue de Châteaudun, 28

EXPOSITION PUBLIQUE

LE MERCREDI 9 JANVIER 1901

DE 2 HEURES A 6 HEURES

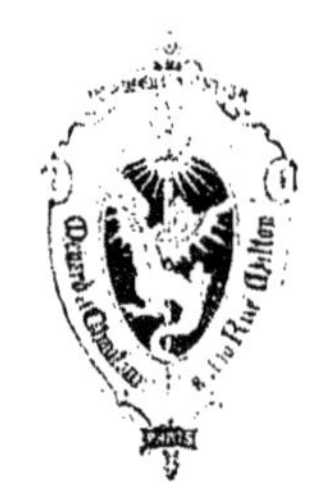

CATALOGUE

D'UNE SÉRIE DE

10 BELLES TAPISSERIES ANCIENNES

D'AUBUSSON

Représentant des scènes de la vie du Christ

MEUBLES ANCIENS

et de style

OBJETS D'ART

Bronzes - Cuivres - Étains - Marbres

PORCELAINES, FAIENCES, GRÉS, BISCUITS

Tableaux anciens et modernes

AQUARELLES, DESSINS

ARGENTERIE, PLAQUÉ

Appartenant à M. K***

DONT LA VENTE AURA LIEU

HOTEL DROUOT, SALLE N° 6

Les Jeudi 10 et Vendredi 11 Janvier 1901, à 2 h. 1/4

Mᵉ LAIR DUBREUIL
COMMISSAIRE-PRISEUR
Successeur de Mᵉ G. DUCHESNE
6, rue de Hanovre, 6

M. A. BLOCHE
EXPERT
près la Cour d'Appel
28, Rue de Châteaudun, 28

Chez lesquels se distribue le présent Catalogue

EXPOSITION PUBLIQUE

LE MERCREDI 9 JANVIER 1901

DE 2 H. A 6 HEURES

CONDITIONS DE LA VENTE

Au comptant *cinq pour cent* en sus.

L'exposition permettant au public de se rendre compte de la nature et de l'état des objets, il ne sera admis aucune réclamation une fois l'adjudication prononcée.

Paris. — Imprimerie Ménard et Chaufour, 8-10, rue Milton.

DESIGNATION

TAPISSERIES

1 à 10 — Suite de dix belles tapisseries anciennes
de la manufacture d'Aubusson représentant des
scènes de la vie du Christ. Bordure à encadrements de fleurs et feuillages.

1º La Mise en croix.

2º La Circoncision du Seigneur.

3º L'Adoration des Mages.

4º L'Entrée du Christ à Jérusalem.

5º L'Ascension.

6º Le Baptême du Christ.

7º La Flagellation.

8º Le Christ portant sa croix.

9º La Fuite en Egypte.

10º La Tentation.

MEUBLES ANCIENS ET DE STYLE

11 — Grand et beau lit en bois sculpté d'époque Louis XIII, à colonnes torses surmontées de chapiteaux supportant le ciel de lit à bordure guillochée, têtes d'anges et motifs d'ornements. De chaque côté, des têtes de chérubins se terminant par des volutes.

12 — Beau coffre bois sculpté, à figures de saints dans des niches, séparées par des pilastres cannelés. xviie siècle.

13 — Encoignure en marqueterie de bois rose, le haut à panneau mobile, le bas ouvrant à deux vantaux, dessus de marbre. Epoque Louis XVI.

14 — Commode en marqueterie de bois rose et palissandre, ouvrant à trois tiroirs, poignées et entrées de serrures en bronze, dessus en marbre. Epoque Louis XVI.

15 — Canapé et six fauteuils en bois sculpté et doré Louis XV, garnis en ancienne soie brochée à fleurs.

16 — Commode en bois sculpté Louis XV, ornée de poignées et d'entrées de serrures en bronze doré.

17 — Grand dressoir à étagère en bois sculpté à colonnes et balustres surmonté d'un panneau à figures de femmes placées dans des niches. XVIIe siècle.

18 — Meuble en bois sculpté, laqué noir et or ouvrant à deux vantaux, décor en relief à figures de guerriers sous des arbres et oiseaux; posé sur table à pieds tors. XVIIe siècle.

19 — Deux marquises en bois peint noir rehaussé d'or Louis XVI, garnies en soie rose moirée à rayures jaunes.

20 — Deux chaises Louis XVI en bois doré, modèle à lyre, garnies en soie rose rayée.

21 — Petit fauteuil Louis XVI laqué blanc, modèle à lyre, garni de velours rouge.

22 — Table en chêne sculpté à mufles de lions sur pieds balustres.

23 — Meuble à deux corps en bois sculpté, décor à rosaces, palmes et ornements. XVIIe siècle.

24 — Petite table tricoteuse Louis XVI en acajou et cuivre forme ovale.

25 — Petite glace dans un cadre en bois sculpté et doré Louis XIV.

26 — Deux jardinières en chêne sculpté décorées de plaques et d'assiettes en faïence décorée.

27 — Petite table à deux tiroirs à pieds tors Louis XIII.

28 — Console de style Louis XV en bois sculpté et doré, décor à fleurs, dessus en velours rouge.

29 — Quatre glaces vénitiennes gravées à figures de jeunes femmes. Cadres sculptés et dorés Louis XV.

30-31 — Deux meubles à hauteur d'appui en bois noir richement ornés de bronzes ciselés et dorés ouvrant à deux vantaux décorés de médaillons peints à figures représentant les quatre parties du monde, dessus en marbre de couleur. Style Louis XVI.

32 — Grande glace biseautée, cadre à enroulements, fleurs et feuillage en bois sculpté et doré.

33 — Glace biseautée, cadre en bois sculpté et doré, à fleurs et feuillages, fronton formé par un cœur surmonté d'une couronne.

34 — Glace médaillon biseautée dans un cadre en bois sculpté à rinceaux, cariatide et guirlandes de fleurs.

35 — Deux chaises à haut dossier en bois sculpté, foncées de canne.

36 — Quatre chaises Louis XIV, en bois peint blanc, garnies de canne.

37 — Paravent en bois laqué blanc, à trois feuilles, garnies en soie brochée et glaces.

38 — Guéridon formé par un grand plat en porcelaine de Chine sur trépied en bronze poli.

39 — Guéridon formé par un plat en porcelaine du Japon sur pied en bois sculpté, bordure ajourée.

40 — Guéridon sur quatre pieds en acajou et cuivre, dessus en marbre.

41 — Petite table a ouvrage en palissandre fileté de citronnier, dessus à glaces biseautées.

42 — Petit meuble ouvrant à un vantail en chêne sculpté à écusson, avec tiroir à secret dans le haut.

43 — Deux petits chiffonniers en chêne sculpté peint noir.

44 — Très grande glace, cadre en bois sculpté.

45 — Glace de forme cintrée, cadre feuillagé en bois sculpté et doré.

46 — Petite glace biseautée dans un cadre en bois sculpté et doré à rinceaux feuillagés.

47 — Glace biseautée, cadre doré, fronton à coquilles.

48 — Canapé et deux fauteuils garnis en velours frappé rouge.

49 — Table en bois sculpté à pieds tors.

5o — Meuble à hauteur d'appui en bois noir fileté de cuivre, orné de bronze.

51 — Deux supports en bois sculpté à figures de nègres.

52 — Deux fauteuils à bascule, garnis en moleskine rouge.

53 — Quinze rideaux, un tapis de table, et un bandeau de lit en velours rouge.

BRONZES

CUIVRES, ÉTAINS, MARBRES.

MOREAU (HIPPOLYTE)

54 — *La Rieuse.* Buste en bronze.

PRADIÉ (J.).

54 *bis* — *Jeune femme puisant de l'eau.* Statuette en bronze.

55 — Deux grandes statuettes d'indiens : danseur et danseuse en bronze.

56 — Grand vase en bronze du Japon, décor en relief de dragons, anses formées par des poissons.

57 — Brûle-parfums à anse en bronze japonais, couvercle jouré.

58 — Jardinière en émail cloisonné de Chine, fond bleu turquoise, décor à fleurs monture en bronze.

59 — Statuette de femme assise, bronze argenté.

60 — Pendule religieuse en marqueterie de cuivre sur écaille. Louis XIV.

61 — Paire de girandoles en bronze poli, ornées de cristaux XVIIe siècle.

62 — Lustre flamand en cuivre poli.

63 — Paire de candélabres, à douze lumières en cuivre poli surmontés d'une statuette socles en forme de trépied.

64 — Petit lustre en bronze et cristaux.

65 — Statuette en bronze, officier du Ier Empire sur socle en marbre jaune de Sienne.

66 — Paire de chenets Louis XIII, en cuivre poli.

67 — Snspension de salle à manger en cuivre poli.

68 — *Petite* pendule de chevet de la maison Sandoz

69 — Petite pendule en bronze à 2 cadrans dont l'un
marque les heures et l'autre forme baromètre;
avec thermomètre et boussole, dans un écrin.

70 — Grand plat rond en cuivre repoussé, bordure
à fleurs et fruits, personnages portant des fruits
au centre.

71 — Paire de vases en cuivre persan, décor en
relief

72 — Deux bougeoirs flamands en cuivre.

73 — Deux plats en cuivre repoussé à figures de
Henri IV et Marie de Médicis.

74 — Plat ovale en cuivre repoussé, à figure d'ama-
zone combattant un lion.

75 — Deux jardinières en cuivre repoussé à godrons
et mufles de lions.

76 — Deux jardinières rondes en cuivre repoussé à
godrons, pieds à griffes.

77 — Jardinière ovale en cuivre repoussé à godrons
et perlé.

78 — Paire de flambeaux à deux lumières, en bronze
doré style Louis XVI.

79 — Sonnette en cuivre gravé snrmontée d'une
divinité.

80 — Seau en cuivre, bordure gravée.

81 — Paire de petites appliques à 2 lumières en
cuivre poli.

82 — Petite fontaine avec bassin en étain gravé
XVIIe siècle.

83 — Saucière plateau et cuiller en étain.

84 — Statuette d'enfant, couché en marble blanc,
socle en bois sculpté.

85 —· Statuette de guerrier en marbre. Vert d'Italie.

PORCELAINES, FAIENCES

GRÉS, BISCUITS

86 — Paires de vases en porcelaine de Saint-Amand
fond bleu turquoise, décor à sujets galants dans
des encadrements dorés. Monture en bronze doré.

87 — Paires de grands vases à couvercles en faïence
de Rouen, décor à lambrequins en bleu, anses à
mufles de lions.

88 — Paire de vases sur piédouche en faïence de

Marseille, à fleurs et paysages, anses à têtes
de béliers.

89 — Paire de cache-pots en faïence de Strasbourg à
fleurs, médaillons à sujets flamands, bordure à
feuilles de choux.

90 — Statuette de Pâris en faïence blanche

91 — Coupe en porcelaine du Japon, monture en
bronze.

92 — Grande coupe en porcelaine de Chine, décor
à fleurs montée en bronze.

93 — Paire de grands vases en porcelaine du Japon,
décor bleu à fleurs et feuillages.

94 — Grand brûle-parfum en Satzuma, médaillons
à personnages, couvercle surmonté d'un chien
de Fô.

95 — Jardinière à trois compartiments en faïence
de Rouen, décor en bleu à lambrequins, monture en cuivre, pieds à griffes.

96 — Paire de vases en porcelaine bleu turquoise,
décor or et gouttes d'émaux de couleur, médaillons à sujets et fleurs, anses à mascarons dorés.

97 — Cache-pot en porcelaine gros bleu rehaussé
d'or, à médaillons, buste de femme et fleurs.

98 — Paire de vases en porcelaine céladonnée de Chine, col et base en bronze doré.

99 — Lampe formée par un cornet en faïence italienne montée en bronze.

100 — Paire de vases en faïence de Strasbourg, décor à fleurs et médaillons enrubannés, anses à serpents enlacés.

101 — Paire de lampes en faïence de Delft en bleu, parties ajourées, monture en cuivre.

102 — Encrier en porcelaine de Saxe décorée d'un sujet galant, bordure en bleu.

103 — Écuelle avec plateau et couvercle en porcelaine de Saxe, fond rose, petits médaillons à sujets champêtres.

104 — Vase en porcelaine de Saxe, décor à bouquets de fleurs, bordure rouge et or, anses à têtes de satyres dorées reliées par des guirlandes de feuillage.

105 — Pot à anse en faïence italienne, décor à paysage.

106 — Vase en porcelaine de Chine, décor bleu, bordure à feuilles en relief.

107 — Vase forme fruit en porcelaine de Chine ble imeps, feuillage et papillons en relief.

108 — Sucrier avec plateau et couvercle en porcelaine
de Saxe à réserves de fleurs sur fond jaune et
sujets galants.

109 — Petit groupe de deux enfants en porcelaine
d'Allemagne.

110 — Six statuettes en même porcelaine.

111 — Ecuelle avec plateau et couvercle en faïence
de Marseille, décor de fleurs et d'armoiries.

112 — Vide-poche en porcelaine de Saxe à figure de
jeune femme tenant une corbeille.

113 — Deux statuettes en porcelaine de Saxe : Jupiter
et Vénus.

114 — Deux statuettes en porcelaine de Saxe : Minerve
et Guerrier romain.

115 — Deux bustes d'enfants en porcelaine, forme
Louis XV.

116 — Buste d'enfants en porcelaine de Saxe, l'Au-
tomne et l'Hiver.

117 — Paire de vases ovoïdes en porcelaine gros bleu
et or, médaillons à bustes de femmes Louis XVI
sur trépieds en bronze.

118 — Deux tasses et soucoupes de Chine.

119 — Deux petites assiettes en faïence de Delft et un petit pot en faïence, décor à fleurs et inscriptions.

120 — Sucrier avec couvercle en porcelaine du Japon.

121 — Deux corbeilles et plateaux en faïence blanche anglaise.

122 — Légumier avec couvercle en porcelaine de Chine à décor bleu.

122 bis — Deux vases en grès allemand, décor à armoiries et ornements.

123 — Pichet en grès à figures de rois.

124 — Veilleuse en porcelaine d'Hocht, décor à fleurs.

125 — Quatre tasses et quatre soucoupes en porcelaine de Chine, fond capucin, à réserves de fleurs.

126 — Deux tasses et soucoupes en Saxe, décor à fleurs.

127 — Sucrier, pot à crème, deux tasses avec soucoupes en porcelaine, à décor japonais.

128 — Deux tasses et deux soucoupes en porcelaine de l'Inde.

129 — Six tasses et six soucoupes dépareillées en porcelaine du Japon.

130 — Boite cylindrique à couvercle, en porcelaine japonaise, décor à personnages.

131 — Jardinière rectangulaire, avec plateau en porcelaine fond vert et or à réserve de fleurs.

132 — Jardinière octogonale en faïence décorée.

133 — Groupe en biscuit, jeune femme et colombes.

134 — Théière, sucrier, pot à lait, deux plats et bol à gâteaux avec plateau en porcelaine fond bleu à fleurs.

135 — Plaque en porcelaine peinte à figure de buveur.

136 — Assiette à gâteaux en porcelaine à bouquets de fleurs, bordure fond rose rehaussée d'or.

137 — Deux plats en porcelaine de Chine, décor de corbeilles fleuries en bleu.

138 — Deux plats en ancienne faïence de Delft polychrôme.

139 — Deux candélabres en faïence, en forme de cornes d'abondances, sur socles ornés de fruits.

140 — Trois compotiers en porcelaine de Chine à décor bleu.

141 — Deux plats en faïence de Delft, décor d'oiseaux et de fleurs.

142 — Deux plats en faïence de Delft, à décor chinois.

143-144 — Paire de vases en faïence blanche, décor en bleu, anses formés par des dauphins.

145 — Paire de vases en porcelaine japonaise, décor à fleurs en rouge sur fond blanc.

146 — Coffret de forme ovale en porcelaine à fleurs, sur pied en cuivre.

147 — Coupe à couvercle de forme surbaissée en porcelaine du Japon.

148 — Coffret à bijoux en forme de commode en faïence de Strasbourg.

149 — Groupe en porcelaine de Saxe : La partie de cartes.

150 — Bol en porcelaine du Japon, et soucoupe en porcelaine de Chine.

151 — Sucrier avec couvercle en porcelaine du Japon, décor bleu.

152 — Boîte ovale en émail de Saxe, décor de médaillons à personnages et fleurs.

153 — Tasse à deux anses avec soucoupe, en Saxe à décor d'oiseaux et d'insectes.

154 — Trois tasses avec soucoupes, porcelaine du Japon décor polychrôme.

155 — Coupe de forme octogonale en porcelaine du Japon, médaillons ajourés.

156 — Coupe en faïence de Delft à décor bleu, fond à rosace ajourée.

157 — Deux petites statuettes d'enfants en porcelaine de Berlin.

158 — Deux statuettes en porcelaine blanche d'Allemagne.

159 — Groupe en porcelaine : Enfant, coq et poule.

160 — Deux statuettes en porcelaine bleu turquoise et rehaussée d'or « Garde à vous ».

161 — Groupe en faience de Strasbourg : Jeune femme couronnant un amour.

162 — Deux statuettes en porcelaine de Saint-Amand bleu turquoise sur socles gros bleu rehaussé d'or : Le Duo.

163 — Chien en porcelaine de Saxe sur coussin fond vert à dessin bleu.

164 — Boîte rectangulaire en porcelaine de Chine à décor bleu, couvercle ajouré.

165 — Petit vase en porcelaine de Chine fond jaune gravé, décor de branches fleuries.

166 — Statuette en biscuit : Allégorie à la musique, signée DELPERIER.

167 — Six pièces, pots, verseuses, pichets en faïences diverses.

168 — Statuette de divinité en blanc de Chine.

169 — Vase en faïence, décor bleu à fleurs sur fond bleuté.

170 — Cache-pot à deux anses en faïence de Rouen à décor bleu.

171 — Pot à couvercle en porcelaine l'Inde.

172 — Deux cornets en faïence italienne, décor à fleurs.

173 — Garniture de cinq pièces en faïence de Delft polychrome.

174 — Deux jardinières sur socles mobiles en faïence à rayures et médaillons de fleurs forme Louis XV.

175 — Trois tasses avec soucoupes en porcelaines de Saxe, décor à fleurs et sujets divers.

176 — Petite tasse avec soucoupe en porcelaine de Saxe, décor d'oiseaux et d'insectes.

177 — Deux plats en faïence de Delft, décor poly-chrome.

178 — Deux plats en faïence de Strasbourg, décor à fleurs.

179 — Deux plats en faïence, à décor jaune et guirlandes de feuillages.

180 — Deux compotiers en porcelaine de Chine, à fleurs et armoiries.

181 — Huit assiettes en porcelaine du Japon, décor rouge bleu et or.

182 — Deux assiettes en vieux Chine, décor à fleurs bordure truitée.

183 — Deux assiettes en porcelaine de Chine à décors divers.

184 — Six assiettes en porcelaine de Chine, fond capucin à réserves de fleurs.

185 — Cinq assiettes creuses, en porcelaine du Japon, polychrome.

186 — Cinq assiettes plates, en même porcelaine.

187 — Quatre compotiers en porcelaine de Chine, à décor bleu.

1 88 — Neuf assiettes diverses en faïence de Delft, décor bleu.

189 — Deux assiettes en porcelaine de Saxe, décor à fleurs, bordure à vannerie.

190 — Assiette à bord dentelé en porcelaine de Saxe, à armoiries fleurdelysées.

191 — Deux assiettes en faïence, décor à l'œillet.

192 — Deux assiettes en ancienne porcelaine, décor à bouquets de fleurs.

193 — Dix assiettes diverses, en faïence décorée.

194 — Douze tasses et douze soucoupes en porcelaine, décor à fleurs.

195 — Cinq bols en porcelaine de Chine, et de l'Inde.

195 *bis* — Tasse et soucoupe en porcelaine, fond bleu turquoise, médaillon de fleurs et personnages et tasse avec soucoupe de forme triangulaire, en porcelaine blanche et rouge aux armes de Nicaragua.

TABLEAUX

AQUARELLES, DESSINS

ARTAN

196 — *Barques de pêche en mer*, effet de nuit.

BAROCCIO

197 — *La Circoncision*.

198 — *Femmes et enfants.*

BECKER (Berthe)

199 — *Route à la lisière d'un bois.*

CALVÉS (G.)

200 — *La ferme,* paysage et animaux.

CAUCHOIS (J.)

201 — *Bouquet de fleurs.*

DEBEUSKI (L.)

202 — *Moutons dans un paysage.*

DURAND-BRAGER

203 — *Paquebot en pleine mer.*

FAVEROT

204 — *Coq.*

205 — *Poule.*

GALLIAC

206 — *Liseuse.*

207 — *Ballerine.*

208 — *La Lettre.*

GAULT (A. DE)

209 — *Le Marché aux esclaves.*

210 — *La Promenade dans les jardins du palais.*

GENISSON

211 — *Intérieur d'église.*

GÉRARD (V.)

212 — *L'Union fait la force.*

G. (Héloise)

213 — *Portrait de femme Louis XVI.* Aquarelle.
Cadre ovale ancien sculpté et doré.

HAREUX (E.)

214 — *Le Retour de la ville.* Effet de nuit.

HEYSER (L. de)

215 — *Gentilshommes prisonniers.*

HOFER

216 — *Chien blanc.*

HONDEKOETER

217 — *Poule, poussins et oiseaux.*

JACQUET

218 — *Tête de vieillard.*
Dessiu rehaussé.

JACOBS

219 — *Vaches à l'etable.*

KEYMEULEN (Em.)

220 — *Clairière en forêt.*

LAGARRIGUE

221 — *Le Patinage.* Effet d'hiver.

MATHIS

222 — *L'Indiscret.*

MELLERYS (A.)

223 — *Coquelicots.*

NOTERMAN (Z.)

224 — *La Lecture de la Gazette.*

225 — *Intérieur de chenil.*

O'CONNEL

226 — *Rachel sur son lit de mort.* Fac-simile.

PALIZZI

227 — *Ane au bord d'un étang.* Aquarelle.

PELOUSE

228 — *Grand paysage vallonné.*

POLACK

229 — *Tête de femme.* Pastel.

ROBINSON

230 — *Chien couché.*

SAM (Edouard)

231 — *Le Livre d'or de Victor Hugo.* « Elle était décoiffée. » Peinture en grisaille.

SEMBACH

232 — *Moulin au bord d'une rivière.*

SEVERDONCK (Van)

233-234 — *Coqs, poules et canards.* Deux pendants.

TROYON (Genre de)

235 — *Taureau dans la prairie.*

VILLAIN (E.)

236 — *Jeune Bretonne en prière.*

ZIEMÉ

237 — *Canal à Venise.*

ÉCOLE ANCIENNE

238 — *Portrait de jeune garçon.* Toile ovale.

ÉCOLE ANGLAISE

239 — *Paysage avec moulin.*

ÉCOLE FRANÇAISE DU XVIIIᵉ SIÈCLE

240 — Sujet mythologique.

ÉCOLE FRANÇAISE

241 — *Portrait de femme décolletée.* Cadre sculpté et doré.

ÉCOLE HOLLANDAISE

242 — *Scène d'intérieur.* Cadre sculpté et doré.

ÉCOLE ITALIENNE

243 — *Vierge et enfant*. Cadre ancien, bois sculpté et doré.

ÉCOLE MODERNE

244 — *Coupe de fruits et Chou sur une table.*

245 — *Portrait d'homme en robe de chambre.*

246 — *Vase de fleurs*. Aquarelle.

247 — *Tapisserie et objets d'arts*. Aquarelle.

248 — *Portrait de chien.*

249 — *Tête d'enfant.*

250 — *Etude de jambes*. Pastel.

251 — *Paysan et moutons dans un paysage.*

ECOLE RUSSE

252 — *Sujet religieux.*

253 — Deux peintures formant médaillons, femme en prière et la fuite en Egypte, dans des encadrements de fleurs.

154 — Photographie :Portrait de Déjazet, avec dédicace de l'artiste.

ARGENTERIE

PLAQUE, OBJETS DIVERS

255 — Beau nécessaire de voyage en argent gravé et guilloché, avec pot et cuvette, boîte, flacons et accessoirs dans une boîte en palissandre garni de cuivre.

256 — Miroir à main en argent, forme Louis XV, fronton à médaillon et nœuds de rubans.

257 — Petite corbeille en filigrane d'argent.

258 — Petit miroir en argent de style Renaissance.

259 — Petit rouet en argent.

260 — Tabatière en argent guilloché.

261 — Douze cuillères à thé, une pince à sucre, 1 passe-thé et une pelle à thé, le tout en vermeil gravé.

262 — Dix-huit couteaux de table, manches en argent.

263 — Paire de flambeaux en argent, pieds feuillagés.

264 — Six coquetiers en argent uni.

265 — Douze cuillères à café et une pince à sucre en argent, ornements à coquilles.

266 — Six cuillères à café en argent.

267 — Douze couverts en argent, ornements à coquilles.

268 — Six couverts à entremets, même modèle.

269 — Six couverts de table, modèle à ornements et écussons.

270 — Deux boîtes à poudre de riz en argent.

271 — Dix-huit fourchettes à huîtres, manches en argent.

272 — Tasse et soucoupe en argent guilloché.

273 — Brosse à miettes, garnie en argent.

274 — Petite corbeille en argent ajouré.

275 — Cuillère à potage et cuillère à sauce en argent, ornements à coquilles.

276 — Très petite jardinière avec plateau en argent gravé.

277 — Très petit flacon en argent à décor de grecque.

278 — Petite bonbonnière en porcelaine, garniture en argent.

279 — Petit éventail Louis XIV en ivoire sculpté et peint.

280 — Eventail chinois en plumes blanches, dessin à fleurs, monture en cuivre.

281 — Eventail en nacre sculpté de style Louis XV.

282 — Éventail Louis XV, monture en ivoire, feuille peinte représentant une femme sur un bûcher.

283 — Etui en bois laqué et aventuriné, décor chinois en relief.

284 — Porte-bouquet en cristal de Baccarrat, décor à fleurs en rouge.

285 — Service de brosses en ivoire sculpté à rinceaux, guirlandes de fleurs et écussons, composé de six pièces.

286 — Deux petites statuettes en ivoire sculpté sur socles en bois noir.

287 — Boîte à thé en thuya.

288 — Deux réchauds ovales en plaqué, garniture en argent.

289 — Deux seaux à rafraîchir en métal argenté.

290 — Service à découper, manches en métal argenté.

291 — Trois verseuses, métal argenté et guilloché.

292 — Théière, sucrier et pot à lait, métal gravé à fleurs.

293 — Douze pièces : verseuses, ménagère, brosse à
miettes et dessous de carafe en métal.

294 — Lot de couverts, cuillère à grog et service à
découper en métal argenté.

295 — Deux bouteilles en verre de Venise, gravé.

296 — Deux vases en verre rouge, monture en métal de style gothique.

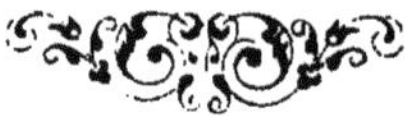